I0463974

NO

AUGUSTO PINAUD

Diseño de la Portada: Isabel Pinaud

Isabelpinaudo@gmail.com

Copyright © 2013 Augusto Pinaud

All rights reserved.

ISBN: **1482030284**
ISBN-13: **978-1482030280**

PARA ALICIA Y TOMAS.

ESPERANDO QUE PAPA APRENDA A USAR
EL NO DE MANERA APROPIADA..

CONTENTS

OTROS LIBROS DEL MISMO AUTOR

Productividad (Español):
- 25 Consejos de Productividad

Productivity (Inglés):
- 25 Tips for Productivity

Ficción (Inglés):
- The Writer
- Putsch. A Hannah Fisher Thriller

INTRODUCCIÓN

"En general la mitad de los problemas en esta vida suceden por decir 'SI' muy rápido o por no decir 'NO' lo suficientemente rápido."
— Josh Billings

La realidad es que pensamos que existe un NO único y absoluto, cuando en realidad existe más de uno. La palabra NO, es una de esas palabras complejas. Como dice la cita al principio de esta página, creamos nuestros propios problemas por utilizar de manera equivocada la palabra NO. La realidad es que no todos los NO son iguales. Durante los años que tengo leyendo y estudiando el tema de productividad había sido capaz de identificar conscientemente dos de ellos. El tercero, aun cuando se había presentado en mi vida más de una vez, no había logrado realmente agarrarlo y aprender los principios que este mismo trae consigo mismo. No fue sino hasta hace poco, que pude realmente verlo con claridad. Aun cuando es el último que he logrado identificar, honestamente es quizá el más importante.

No fue hasta hace más de un año cuando este NO volvió a cruzarse en mi camino, cuando me di cuenta que no estaba prestándole la suficiente atención. No era la primera vez que este concepto pasaba por mis manos, pero si era la primera vez que me estaba dando cuenta que estaba en mis manos.

Una vez que me detuve, me pude dar cuenta que en mi vida aparentemente había más de un NO, y que cada uno, con sus propias características, me podría generar grandes ganancias cuando los usaba apropiadamente o grandes problemas cuando los usaba de manera equivocada, vino el reto entonces, ¿cómo usarlo adecuadamente?

Inmediatamente me puse a meditar al respecto y a pensar en detalle en estos conceptos y descubrí que la palabra NO se presenta en tres diferentes paquetes. Aquellos que debemos evitar; aquellos que debemos aprender y los más importantes, aquellos que debemos decirnos a nosotros mismos. En mi caso, debo evitar decir NO a las cosas importantes para mi hija y mi esposa. Debo aprender a decir NO a aquellos compromisos que por decir SI me han dado como resultado dejar de hacer cosas importantes. Como dije esos los conocía, y tengo mucho tiempo haciendo esfuerzos para hacerlos con más o menos éxito, pero la realidad apareció cuando entendí que era a otras cosas a las que necesitaba decir NO, más específicamente, necesitaba aprender a decir NO a otra persona: a mí mismo.

Fue exactamente allí cuando me di cuenta que había descubierto algo, que me cambiaría la vida. Este es el resultado de muchas horas sentado y entendiendo todas las palabras, conceptos y problemas que pueden ser eliminados con el uso correcto de la palabra NO. El problema está en lo difícil que es decirle NO a otros, en lo difícil que es decirle NO a aquellas personas que son clave en nuestra vida, y que amamos, aun cuando siempre sean las que reciben el primer NO. Lo que no me había dado cuenta cuando descubrí este último NO, era cuán difícil iba a ser decirme NO a mí mismo.

NO, tienes que terminar esta tarea. NO, ya comiste las calorías del día de hoy. NO, no es más café lo que necesitas, es más agua. NO, ese trabajo fácil no es lo que debes hacer, pues aun sabes que tienes cosas importantes que hacer.

Si nos es de gran dificultad decir que NO a otros, aun cuando sabemos que es la respuesta que les debimos haber dado, decir NO a nosotros mismos resulta en algunos casos lo que parece ser imposible, no solo porque nuestra mente, cuyo trabajo principal es protegernos, va a tratar de convencernos de las razones por las cuales no debemos detenernos, por las cuales no debemos hacerlo, por las cuales ese NO es la respuesta incorrecta. Muy por el contrario, nos entregamos al camino fácil, a hacer las cosas incorrectas, a la flojera y dejamos que se acumulen las cosas en vez de hacerlas y aun cuando sabemos que es en realidad esas las que debemos estar haciendo.

Pasamos horas buscando sistemas para hacer tareas, para poder lograr nuestros objetivos, soñando con lograr ser más efectivos, cuando en realidad lo que necesitamos es algo mucho más simple, pero al mismo tiempo más complejo... Necesitamos aprender a decir NO a nosotros mismos.

Las siguientes páginas cubren no solo este último NO, sino también, pero de una manera breve los otros dos tipos. La razón es simple; aprender a usar uno pero no los otros dos, seria simplemente haber perdido el tiempo.

EL NO QUE DEBEMOS EVITAR

"Si nuestros hijos necesitan un modelo de comportamiento y nosotros no lo somos, ambos están jodidos"
— George Carlin

Como dije en líneas anteriores el primer NO que debemos aprender a usar adecuadamente es el NO que les damos a nuestros hijos y seres queridos. Como padres, gracias a la culpa y a una serie de ideas que nos hemos creado mentalmente, (esas son alguna de las cosas que espero poder exponer más adelante sobre nosotros mismos) asociamos decir NO a nuestros hijos cuando es apropiado a NO AMAR A NUESTROS HIJOS y contrariamente en vez asociamos decir NO cuando no es apropiado a AMAR A NUESTROS HIJOS. Déjenme empezar por clarificar algo. Decir NO, de ningún modo está relacionado a cuanto amas o no amas a una persona. Nuestros hijos en muchos casos preferirían que les hubiéramos dicho NO cuando les dijimos SI y SI cuando les dijimos NO.

Las estadísticas dicen que para cuando nuestros hijos cumplen los seis años, ya saben que cuando quieren algo, necesitan pedirlo entre quince y veinte veces para que nosotros los padres digamos SI a aquello que debíamos haber seguido diciendo NO. Al mismo tiempo, nuestros hijos hubiesen preferido ir a ver el juego de Béisbol o al Ballet al cual le dijimos que NO, que aquel objeto al que le dijimos que SI, para compensar nuestras propias culpas.

Es exactamente allí donde empiezan los problemas con esta clase de NO, son nuestras propias inseguridades, y nuestra propia incapacidad de decir que NO, lo que genera problemas a largo plazo. Decimos que NO a aquellas cosas realmente importantes y terminamos diciendo que SI a aquellas en las que hubiese sido importante decir que NO.

Nuestra misión como padres es más simple de lo que pretendemos. Se basa en enseñar a nuestros hijos cuando decir SI y cuando decir NO. SI, a los estudios. SI, a ser mejor. SI, a ser una buena persona. NO, a las drogas. NO, a las cosas ilegales. NO, a hacerles a otros lo que no queremos nos hagan a nosotros.

El problema es que nosotros mismos somos incapaces de identificar el uso correcto de los mismos. En muchos de los casos, tendemos a usar SI y NO en la situación equivocada.

Debemos aprender a recordar las cosas importantes en las cuales nuestras debilidades aparecen frente a nuestros propios hijos, claro está que como dije antes, esto se refiere a nuestros hijos pero nada tiene que ver con ellos y todo con nosotros mismos.

Debo aclarar, antes de que el lector empiece a ir en aquel camino a pensar lo que sus padres hicieron o dejaron de hacer, que en mi opinión nuestros padres hicieron lo mejor que pudieron, con las herramientas que tenían en sus manos, aun cuando estas hayan sido malas y el resultado pobre. En mi opinión la responsabilidad de tus padres por este tipo de cosas caduca cuando cumples dieciocho años. De allí en adelante dependes de ti mismo para cambiar estas cosas, aprender de aquellas que no sirven y seguir hacia adelante. Seguir culpando a tus padres después de ese punto no solo es absurdo, seamos honestos es ridículo. Si necesitas ayuda, búscala. Si necesitas crecer, crece. Si necesitas... ahora es tu responsabilidad. Es hora de asumirla.

Por tanto como venía diciendo antes, debemos aprender a decir NO a nuestros hijos en aquellas cosas donde es importante decir que NO y empezar a aprender a decir SI en aquellas cosas que son realmente importantes. Debemos aprender a usar el SI y el NO de manera apropiada, pues una vez cumplan los dieciocho años será su responsabilidad usarlo correctamente, antes de eso es la tuya como padre, haberles enseñado a usarlas adecuadamente, en muchos casos, nosotros como padres, simplemente fallamos.

Vamos a detenernos un momento, a pensar cuantos juguetes hemos comprado este año, o el año pasado que sabemos que no debimos haber comprado, que sabemos que nuestros hijos no necesitaban. Ahora pensemos cuantas de las cosas que eran importantes para ellos, los recitales, los eventos en la escuela y los eventos deportivos, a los cuales ofrecimos que íbamos a ir y simplemente no fuimos. Puedes ver la diferencia entre ambos. En los primeros, no lo hiciste por cosas que no tenían nada que ver con el niño, fueron tus propias inseguridades, tus propios miedos como padre, los que te hicieron decir que SI cuando debiste haber dicho NO. En el segundo caso, no llegaste a esos juegos, no hiciste esas cosas importantes para tus hijos, simplemente porque tuviste miedo a decir NO a aquellas cosas a las que debiste y en su lugar, dijiste NO a aquellos que les debiste haber dicho SI.

Claro está que en el caso anterior no todos son absolutos, NO a los juguetes no es siempre la respuesta correcta así como SI a todos los eventos de tus hijos tampoco lo es. El problema es que no nos detenemos a evaluar cuando es importante y cuando no lo es. Tendemos a decir SI en el primer caso y NO al segundo, más rápido de lo que debemos, sin pensar en las consecuencias a largo plazo.

Como dije en la introducción debemos aprender evitar el NO en algunas ocasiones. Así como en el ejemplo hablo de los hijos, piensen en su mejor amigo o amiga, en sus padres, en su esposo o esposa, y en esas personas importantes en su vida, en la cual simplemente decimos que NO cuando debimos haber dicho SI y viceversa. Este es un NO de amor en cierto modo, es el NO que debemos usar con aquellos que queremos.

Debemos evitar este NO, y entender que en la gran mayoría de los casos este NO está más relacionado con nuestros propios miedos, temores e inseguridades, que con aquellas personas a las que se los estamos diciendo. Debemos evitar este NO, aprender a usarlo como debe ser y no como lo usamos en la mayoría de los casos. Una vez aprendida ésta lección, podremos empezar a decir NO más apropiadamente a otros, que es exactamente el próximo paso.

EL NO QUE DEBEMOS APRENDER A USAR

> "Cuando le digas 'Si' a otros, asegura que no estás diciéndote 'No' a ti mismo."
> — Paulo Coehlo

Este es un NO diferente al anterior. Este no es un NO a la gente que queremos. Este es un NO con la finalidad de proteger nuestro tiempo y a nosotros mismos. Este es el NO, que debemos usar para darnos el chance a nosotros mismos. Como dice la cita de Paulo Coehlo, este es el NO que estás diciéndole a otros para poder decirte SI a ti mismo.

Si lográramos ser más valientes y decir NO a otros cuando debemos, cuando es apropiado, lograríamos llegar a hacer muchas más cosas que son realmente importantes. Cuantas veces sentimos la presión de decir SI a las urgencias de otros, simplemente porque no queremos sentir que somos menos o que esta persona piense que no lo podemos hacer o que es imposible. Cuantas veces tomamos esa llamada de trabajo el día sábado, no por otra razón que el miedo a lo que otros pueden pensar de nosotros. Ponemos a otros en primer lugar, dándoles mayor importancia, dándoles en muchos casos el único lugar importante y poniendo en un segundo plano no solo nuestras propias metas, sino también, a aquellas personas que son realmente importantes. El resultado de esto es simple, estas personas a las que no podemos decir que NO simplemente se acostumbran a que escuchar un SI, empiezan a considerarlo su derecho, que es su derecho siempre recibir un SI, no importa cuán descabellado sea lo que están pidiendo. Es exactamente allí, donde decir NO a estos se hace cada vez más difícil.

La realidad es que lo hacemos por nuestros propios miedos, en algunos casos, estamos atrapados y no nos queda otra alternativa, al menos temporalmente, pero debemos estar claros en esto y tratar de terminar con la temporalidad. En la mayoría de los casos tristemente le damos más cabida a nuestros propios miedos e inseguridades que a lo que es realmente importante. En muchos casos justificamos, el que solo va a tomar un minuto, y en vez de decir que no, y tener el posible conflicto y seguir hacia adelante, decidimos sacrificar aquello realmente importante, eso que nunca se hace.

Son estos los casos en los que debemos aprender a decir NO, a aprender a usarlo efectivamente, pues en muchos casos, son estas personas (o grupo de personas) a quienes les hemos dado el poder sobre nuestros propios movimientos. Son estas personas quienes ejercen el control sobre nuestros sueños, son estas personas las que definen en muchos casos nuestras prioridades. Son estos a los que les estamos dando la prioridad sobre aquellos en el primer grupo, a los cuales como dije, debemos evitar decir NO.

Cuántas veces hemos dicho SI a una serie de intereses que chocan entre sí, simplemente porque tienes miedo a decir que NO, o peor aún te parece que puedes perder la ilusión de seguridad que tienes, si se te ocurre decir que NO. Así que corremos a la derecha y luego corremos a la izquierda y luego corremos al centro, incrementando el sentimiento de culpa y sin reconocer a nosotros mismos que vivimos aterrorizados.

Mientras esto sucede, vemos otro grupo de personas que estando en nuestra misma situación tuvieron la habilidad de decir que NO. En ese momento empezamos a justificar porque la decisión era incorrecta, porque carecen de esto o de aquello. En otros casos, simplemente empezamos a eliminar las únicas horas que en teoría nos pertenecen, aquellas donde deberíamos estar durmiendo y reponiéndonos. Empezamos a dormir menos, a hacer las cosas a escondidas, a buscar la manera que las cosas pasen. En muchos casos este es el mejor escenario, el cual es terrible. En la mayoría de los casos, simplemente nos olvidamos de esas posibilidades, y empezamos a decirnos a nosotros mismos que algún día lo haremos, y en la mayoría de los casos, ese día nunca llega.

Yo entiendo que no siempre es posible decirle NO a las personas a las que me refiero en estas líneas, pero estemos de acuerdo que si le dijéramos a estas personas menos veces SI y más veces NO estaríamos en un lugar mucho mejor.

El problema en general con este NO, es que se convierte en un círculo vicioso que acaba con nuestra autoestima, decimos SI por miedo y por conveniencia, como por ejemplo evitar un pleito o un regaño o quizá que piensen que no podemos hacer tanto como los demás hacen. Sin darnos cuenta, empezamos a dejar que este miedo y estas inseguridades crezcan, debemos recordar que el trabajo principal del cerebro no es otro que: "Protección"; por tanto, su trabajo consiste en animarnos a decir NO, nos va a ayudar a encontrar todas aquellas posibles razones por las cuales es mala idea decir NO, se va a ocupar de incrementar el miedo a un nivel más bien parecido al terror y las inseguridades a un nivel del que jamás, vamos a poder salir. Al menos no hasta que decidamos desafiarnos a nosotros mismos, a nuestras inseguridades y a nuestro sistema de protección y decir NO.

El mal uso de este NO, trae efectos catastróficos, acaba relaciones, deja marcas que nunca se borran, crea efectos permanentes (o cuasi-permanentes) en nuestra autoestima y en muchos casos daños irreparables.

Este es el NO al cual la mayoría de los libros se refieren, pues sin duda alguna es el más obvio, aun cuando la gente tiende a ignorarlo, y a usarlo de la manera equivocada, diciendo SI en vez de NO, sin darse cuenta que en muchos casos por cada SI, todo lo que están haciendo es decirse NO a ellos mismos o a esas personas que consideran los más importantes de sus vidas, lo cual de ninguna manera puede generar un resultado positivo.

EL NO QUE DEBEMOS APRENDER A USAR

> **"¡Odio que me digan que hacer!**
> **¡Especialmente cuando soy yo mismo el que lo dice!"**
> **— Lynn Flewelling**

Durante estas páginas hemos visto el NO que debemos evitar, el NO a nuestros hijos y a aquellos que amamos. Seguidamente vimos el NO que deberíamos empezar a usar mejor, el NO a los demás. Finalmente es momento de enfocarnos en el NO más importante. Decirnos NO a nosotros mismos. Como decía en la introducción no es la primera vez que me cruzo con este NO, pero por no ponerle el nombre correcto, siempre lo he dejado ir, y acto seguido continúa la aventura de conseguirlo. El problema con este NO, es que tiene muchos nombres, muchas caras y mucha gente que le tiene temor a estas, por tanto cuando llega, la gente lo ve y huyen; no queriendo saber nada de éste.

Ya sabes, fuerza de voluntad, constancia, perseverancia, dedicación, ser pro-activo, tener disciplina y control sobre sí mismo. La lista de nombres es larga, el significado es el mismo.

Todos esos que menciono aquí los conoces, en más de una ocasión has ido en la aventura de encontrarlos, de dominarlos, de traerlos a tu vida de manera constante. Son aquellos que parecen imposibles de dominar y que parece que cambian cada momento, aun cuando no lo hacen. Todos estos, realmente son algunos de los disfraces que este NO usa, este NO, que debemos aprender a usar, "el decirnos NO a nosotros mismos".

Piensa por un momento cuantas veces durante los años has buscado esto. Lo has llamado cambiar hábitos, y has pensado por horas en cómo lograrlo. Pero alguna vez consideraste que lo que en realidad necesitabas era ejercitar el músculo del NO, ¿era aprender a decirte a ti mismo NO? Honestamente yo no.

He pasado años buscando como cambiar malos hábitos y como mantenerme enfocado en lo importante, por ejemplo. He pasado años estudiando cómo lograr mantener mi disciplina, ser más constante y perseverante con los objetivos que me planteo. Lo que no había pensado era en la raíz común de todas estas cosas, no había pensado que simplemente el problema estaba en lo mal que manejaba la palabra NO.

Es imposible pretender que otros respeten nuestro tiempo, cuando nosotros mismos no lo respetamos. De igual modo es imposible decirle a otros NO, cuando nosotros mismos somos incapaces de hacerlo apropiadamente.

Por un momento hagamos una breve pausa y regresemos a este pequeño concepto: Como esperamos usar la palabra NO apropiadamente con otros si no podemos usarla apropiadamente con nosotros mismos.

Tienes una semana a dieta pero no puedes decir NO a la galleta. Estas de camino al gimnasio, pero no puedes decir NO y dejas de ir. Te has tomado una copa de vino y no puedes decirte NO a la siguiente, ni a la siguiente. Es Domingo, nueve de la noche, y no puedes decirle NO al siguiente programa de televisión, aun cuando sabes que la próxima mañana vas a estar cansado. NO, NO, NO... Simplemente no puedes decirte NO a ti mismo constantemente.

Quizá ya lo habías notado, quizá te paso como a mí la primera vez que lo descubrí. Mi problema no era hacer mejores planes, ni más ideas, ni más constancia para seguirlos; mi problema era que no sabía cómo decir NO, y hacer lo que debía. El resultado de todo esto, es que paso el día haciendo una gran cantidad de tareas, para poder quitar del camino el remordimiento de hacer estas o de no haberlas hecho.

Fue en ese momento cuando empecé a notar todas esas ocasiones donde estaba empleando el NO de manera inapropiada. Estoy seguro que si empiezas a prestar atención vas a encontrar que al igual que yo, en general aplicas el NO de manera terrible a tu propia vida.

La pregunta que siguió era si aprender a usar NO era posible, y honestamente en ese momento, pensé que era imposible. Nunca había logrado ganar esa batalla, como la iba a ganar ahora. NO, es quizá una de las primeras palabras que aprendemos, y hemos llegado a este momento y a esta edad sin aprender a usarla adecuadamente, porque va a cambiar ahora, sin duda como dicen: "Loro viejo no aprende a hablar" por tanto, aprender a usar el NO apropiadamente es sin duda imposible. Claro está, que como dijo Arthur C. Clarke: "La única manera de encontrar los límites de lo posible es ir más allá, hacia lo imposible"

Fue allí donde la nueva aventura apareció, como el Hobbit, empecé el trayecto a lo imposible. Como aprender a decir NO cuando era apropiado. Antes de seguir contando. Quiero aclarar que al momento de escribir estas líneas, aún no he llegado a ese momento en el cual todos somos felices para siempre, pero sin duda, estamos en un lugar mucho mejor que cuando empezamos.

Si el objetivo era aprender a decir NO a mí mismo, tenía que empezar por identificar cuáles eran esas cosas a las que iba a decir que NO, así que empecé de la única manera que se cómo hacerlo. Empecé una lista nueva, la cual se llamaba como este libro: NO.

Comencé por anotar aquellas cosas a las que iba a decir NO, como por ejemplo el no levantarme a la hora acordada. Si sabía que me iba a levantar a las 4:00 AM, tenía que acostarme apropiadamente, si la noche anterior había decidido no decirme NO a la hora de dormir por estar leyendo, tenía que entender que a las 4:00 AM no podía ahora cambiar las reglas. Ese fue el primer paso. Acabar con los 5 minutos después que sonara la alarma. (Ok, eran más bien como 15, pero siempre empezaba tratando de convencerme a mí mismo que iban a ser solo 5) El acuerdo de no levantarse a la hora acordada debía hacerse la noche anterior, no a la hora en la que sonaba el despertador, en la cual cualquier excusa suena mucho más convincente de lo que realmente es.

En concordancia con eso, empecé a anotar cuando había usado el NO de manera adecuada tanto con mi hija, mi esposa y con otros en mi vida. Igualmente empecé a anotar cuando estaba usando el NO de manera correcta, la idea era poder identificar cuando lo estaba haciendo bien y poder replicar el comportamiento.

Lo más interesante que descubrí es que el decir NO, es simplemente un músculo atrofiado que tenemos por falta de uso y que mientras más lo usamos, resulta más fácil de usar. La realidad es que es más fácil de usar porque empezamos a ver con claridad nuestros objetivos. Yo soy entre muchas cosas un escritor. Parte importante de mi trabajo es sentarme a escribir. Aprender a decir NO a esas cosas que me distraían de escribir ha sido de las cosas más difíciles que he hecho, pero de las más gratificantes, ahora no me siento con un sentimiento de culpa porque necesito dos horas para escribir, ni me da sentimiento de culpa que alguien más entienda que es lo que hago. Igualmente no tengo sentimiento de culpa por colgar el teléfono al acabarse el tiempo establecido para la llamada. En el pasado estas dos actividades me hubiesen llenado de culpa y no hubiese colgado el teléfono.

Honestamente, como dije, decir NO es para muchos un músculo atrofiado, hemos perdido la habilidad de usarlo, y vemos a otros usarlo como si fuera algo mágico. Nos da terror usarlo y que los demás piensen que somos débiles, o ineficientes, o no tan capaces como hemos sido en el pasado.

Por lo tanto es muy importante empezar a usarlo, empezar a decir NO, especialmente a nosotros mismos. Mucho se ha dicho de aprender a decir NO a otros para conservar nuestro tiempo, para encontrar el tiempo perdido, pero en realidad es más importante aprender a usar el NO a nosotros mismos. No solo por el hecho que no podemos enseñar a otros algo que nosotros no sabemos usar, pero el decir NO a nosotros mismos es el primer paso para poder realmente decirle NO a otros y seguir nuestros sueños.

¿Cómo es eso que decir NO, es uno de los pasos más importantes para seguir nuestros sueños? Pues sí, hasta que no aprendamos a decir NO a nosotros mismos, y no aprendamos a decir NO a los demás y aprendamos a dejar de decir NO a aquellos que amamos cuando es apropiado, nunca vamos a tener tiempo de decir SI a nuestros sueños, a lo que muy dentro de nosotros mismos sabemos es lo importante.

NOTAS FINALES

La mayoría de las personas creen que deben aprender a decir NO a otros, el verdadero reto y por tanto el mayor impacto esta en aprender a decir NO a uno mismo.

Hasta donde tengo entendido y he descubierto, mucha de la literatura existente en productividad y mejora personal, hace énfasis en aprender a decir NO a los demás, que sin duda alguna es algo importante, pero no suficiente.

Si revisamos alguna de la literatura referida a como ser un buenos padres y en cómo educar a nuestros hijos habla de aprender a crear límites y a decir NO a nuestros hijos apropiadamente.

En mi conocimiento la literatura que habla de aprender a decir NO a uno mismo es limitada. Se habla de crear hábitos, de seguir nuestros sueños, de trabajar hacia nuestros objetivos, pero no de la relación que tiene el aprender a decir NO a nosotros mismos tiene con aprender a decir NO a otros y más importante aún a nuestros seres amados, nuestros hijos, esposas, padres y en general a esas personas que queremos por encima de todas las cosas.

El objetivo de estas líneas es mostrarte la relación de las mismas y que puedas observar cuanto afecta la una a la otra. Es poder observar como la incapacidad que tenemos todos de decirnos NO a nosotros mismos nos afecta en lo que la sociedad considera algo importante para ser exitoso (decir NO a otros) y como afecta a aquellos que estamos tratando de criar para que puedan ser exitosos en una sociedad futura (enseñarle a decir NO a nuestros hijos) y como el no usar el NO apropiadamente afecta a aquellos que nos rodean y amamos y aún más importante, como es esto mismo lo que nos impide ir a donde soñamos llegar.

Cuando logremos retirarnos, ya sabes por allá cuando tengamos 65 años de edad o más , creemos, soñamos, casi anhelamos con una ilusión infantil, que podremos decir NO a todas esas cosas. La realidad es que cuando logremos retirarnos, este músculo va a estar tan deforme por falta de uso que lo único que vamos a poder hacer es lo mismo que hemos hecho por todos esos años que nos llevaron a ese día; seguir usando el NO de manera inapropiada, con los demás, con aquellos que amamos, y más aún con nosotros mismos.

Es importante detenernos y empezar a notar donde no estamos usando el músculo del NO; donde debemos empezar a aprender a usarlo.

Durante los años, he entendido que existe una relación cercana y directa entre la gente realmente productiva y la palabra NO. Mientras más productiva es la gente, más usan la palabra NO. Lo que yo creía equivocadamente era que habían aprendido a decir NO a los demás y por eso lograban hacer lo que hacían. La realidad es que estas personas aprendieron a decir NO a sí mismos primero. Después aprendieron a decir NO a las demás personas y finalmente a usarlo apropiadamente con las personas que aman.

Durante los años he aprendido a usar listas que me ayudan a ejercitar el músculo del NO, en mi libro *"25 Consejos de Productividad"* menciono tres ejemplos de estos. Menciono "La Lista de cosas que no debo hacer", "La lista de cosas que no necesito" así como un capítulo donde explico porque hay ciertas cosas por las que debemos pagar para poder concentrarnos en aquellas cosas que son realmente importantes. Sin saberlo conscientemente son estas listas y principios los que me han ayudado a ejercitar este músculo con el pasar de los años. Mi músculo sigue atrofiado a pesar de lo que he aprendido. Aún es un esfuerzo diario ejercitar el mismo, el decirme NO, el decirle NO a otros, así como el decir NO a aquellos que amo; pero sin duda esta mucho más fuerte de lo que estaba hace un año.

Como dije anteriormente, uno de las nuevas adiciones a mis

listas es una lista llamada NO; se podría llamar cosas a las que debo decir NO, o usar NO más correctamente, así como cosas en las que he fallado y debí haber dicho NO; sin embargo he decidido simplemente llamarla: NO. No importa el nombre que se le ponga, lo que importa es el contenido y que se regrese constantemente a ella para poder ir mejorando.

La primera vez que escribí, que no iba a cambiar la hora de levantarme en la mañana y que cuando sonara el despertador me iba a levantar, fallé miserablemente. La segunda vez también. Pero eventualmente empecé a levantarme como decían las reglas de mi lista llamada NO. Claro está, que entonces me confíe y empecé a fallar en aquello de levantarse en la mañana. Pero con el tiempo he aprendido a ejercitar mi músculo de decir que NO mucho más. Para mi, el ejercicio de este músculo, así como muchos de los consejos y cosas que hago para ser productivo, aun implican un trabajo constante, la diferencia es que cada vez es más fácil.

Es esto precisamente lo que me permite poder decir SI, a aquellas cosas importantes. Una de las cosas más interesantes de los efectos de ejercer este músculo ha sido el efecto en el cual el sentimiento de culpa se ha disipado. Este sin duda fue un efecto secundario inesperado, no esperaba nunca que aprender a decir que NO, comenzaría a eliminar el sentimiento de culpa que siempre sentí al decir NO a algunas cosas. La realidad es que es cada vez es más fuerte y cada vez, de cierto modo es mas fácil usarlo, con lo cual simplemente he conseguido libertad.

Claro está, que se debe entender dos cosas importantes, ejercitar el músculo del NO, tiene otros efectos que no necesariamente son tan agradables. Existen muchos a nuestro alrededor que van a luchar, que no les va a gustar que estemos aprendiendo a decir NO, existen inclusive gente amada que se alejarán de nuestro lado porque nuestro NO, es algo con lo que no pueden lidiar.

Algunos se irán, porque les vamos a recordar las cosas que estamos haciendo que ellos no pueden. Otros se irán, pues ya no encuentran ese refugio del siempre SI que les proporcionábamos. Otros se irán, porque es más fácil buscarse alguien que les diga SI, y no quedarse a tu lado y escucharte decir NO. Nuevamente en algunos casos, estos que se irán van a dejar un vacío extremadamente doloroso y triste, pero es parte de ejercer este músculo de decir NO, es parte esencial de tratar de ser feliz y aprender a decir NO.

Como todo en la vida, es cuestión de decidir que produce más dolor, continuar usando el NO inapropiadamente y que quizá, esta gente no se aparte de nosotros; y digo quizá pues el hecho que nada cambie en nuestra realidad actual no garantiza que los demás no cambien y se alejen de cualquier modo; o aprender a ejercitar este músculo del NO y quizá perder gente en el camino, pero tener un chance de poder encontrar una manera de decir SI a las cosas que son realmente importantes. Ese es el dilema de aprender a ejercitar el músculo del NO.

Se puede tratar de hacer a todo el mundo feliz, entendiendo que el costo es realmente alto. En primer lugar implica que decidimos que nosotros no vamos a serlo, y en segundo lugar, entendemos que lo más probable es que el mundo tampoco. El tercero, es que aunque fallemos, siempre vamos a seguir tratando de hacer feliz a otro mientras alguien será infeliz, aunque no lo sepamos.

En conclusión, no importa si decides ejercitar el músculo del NO, o simplemente decides seguir ignorándolo. No importa si decides tratar de hacer a los que te rodean felices a costa de tu propia felicidad y solo decirte NO a ti mismo. Esas dos decisiones tienen un costo altísimo, quizá tan alto como decidir empezar a ejercitar tu músculo del NO. Los riesgos en relación con los otros es en cierto modo el mismo, hagas una cosa o la otra. El riesgo de perder todas esas cosas que estas tratando de proteger al no decir NO, están allí, son reales y persistentes, aunque nunca decidas usarlas.

Lo importante es no ignorar que el riesgo está allí y es exactamente el mismo que si decides ejercer tu músculo del NO. La diferencia solo la puedes ejecutar tu mismo. En la historia de la humanidad no existe una sola historia de éxito en la cual alguien ha sido feliz complaciendo a todos los que están a su alrededor, por una sencilla razón, es imposible. En cambio existen muchas historias de éxito de personas que han aprendido a ejercer el músculo del NO, personas que han aprendido a usar este músculo para poder decir SI a otras cosas que han generado cambios radicales y permanentes; pero debemos recordar que por cada impulso existe una reacción de igual magnitud, y que así como no ejercitar el músculo puede crear grandes daños, ejercitarlo puede generarlos también.

Debemos entender que la posibilidad de perder todas esas cosas que tememos perder es real, y nada podemos hacer. Actuar por miedo a perderlo todo, no va realmente a protegernos de que pase. En la película *"El Imperio Contraataca"*, Yoda dice una frase, que debemos tener presente constantemente (y que la mayoría ignoramos): *"Aprende a dejar ir todo aquello que tienes miedo a perder."*

Sin duda es algo que debería venir acompañando no solo el uso de la palabra NO, pero más aún la falta de uso de la misma. El miedo que tenemos de perder las cosas, no garantiza que no las vamos a perder, simplemente nos hace débiles y en la mayoría de los casos más temerosos e infelices.

Aprender a decir NO a nosotros mismos es la clave para poder aprender a decir NO a las demás personas y de aprender a usarlo apropiadamente con esas personas que amamos, pero es solo una vez que aprendemos a decir NO a nosotros mismos que vamos a poder decir SI a aquellas cosas que nos son realmente importantes, aquellas cosas que nos van a permitir cambiar el mundo.

AGRADECIMIENTOS

A mi esposa y mi hija, que son simplemente increíbles. Nunca me cansaré de decirlo.

A Isabel Pinaud, gracias por la paciencia en la portada de este libro.

A Kenn Rudolph, más que un amigo, quien crea las increíbles portadas a mis libros.

A Daniela Sully, quien pacientemente traduce del Spanglish al Español.

A todos aquellos que siempre creyeron en mí y que ahora sonríen cuando saben que soy un escritor.

A aquellos ojos bondadosos y pacientes que leen esto cuando parece un campo minado, lleno de errores ortográficos y gramaticales.

A mis papas, amigos y familia.

A todos aquellos que se tomaron el tiempo para leer éste y cualquier otro de mis libros.

A todos aquellos que han dejado su opinión sobre este u otro de mis libros.

A todos aquellos que me han ayudado de un modo u otro a hacer esto una realidad

SOBRE EL AUTOR

Augusto Pinaud es un escritor, sus libros han Best Seller en los Estados Unidos, Reino Unido, Alemania, España y Francia. En otra vida fue abogado, ahora en recuperación, así como consultor en tecnología y ventas. Su pasión es escribir. Ha estudiado productividad y ayudado a muchas personas a ser mas productivos en los últimos diez años.

Actualmente vive en Fort Wayne, Indiana. Está casado y tiene una niña, un niño y dos perros que le hacen compañía. Pasa el día enseñándole cosas a sus hijos, escribiendo y lavando platos, porque cree en lo que decía Agatha Christie: "El mejor momento para planificar un libro es mientras se lavan los platos"

Mi blog: www.augustopinaud.com

Twitter: @apinaud

Email: augusto@augustopinaud.com

Facebook: http://www.facebook.com/augustopinaud/

La página web del libro:

http://www.NO.augustopinaud.com

www.ingramcontent.com/pod-product-compliance
Lightning Source LLC
Chambersburg PA
CBHW021858170526
45157CB00006B/2509